パリジェンヌの田舎暮らし

イザベル・ボワノ

Parisienne à la campagne

Isabelle Boinot

Prologue

はじめに

この本を手にとってくださったみなさんへ

ボンジュール！ 私の名前はイザベル・ボワノ。
NHKの番組「パリジェンヌの田舎暮らし」に出演するお話を
いただいたとき、私がいちばんに願ったのは、フランスの、とり
わけ私が今暮らしている地方のお気に入りのものたちを、日
本のみなさんと分かち合えるような内容にしたい、ということ
でした。
この本は、シーズン1と2（2021、2022年放送）に登場した職人さ
んや生産者さんの仕事をあらためて紹介し、彼らが手作りする
品々を、私がどんなふうに毎日の暮らしに取り入れているかを、
詳しく記した一冊です。そして日々、好きなものに囲まれて過
ごす私の生活の様子もつづっています。

パリには20年ほど住んでいましたが、そのあいだ、私は定期的
に日本を訪れていました。日本に滞在することで、ものを見る
目がさらに研ぎ澄まされ、建築やデザイン、都市における草花
や緑の役割、そして何より、職人さんの手仕事に対してもっと
関心を持つようになりました。幼いころから、いろいろなもの
を手作りする人たちに囲まれて育ってきましたが、大人になっ
て、日本に幾度となく滞在したおかげもあり、職人技の気高さ
と大切さをあらためて知ることができました。
今フランスでは、織物やかご編み、陶芸、薬草の栽培といった

昔ながらの技術のよさを再評価する傾向が強まっていますが、日本では、昔から今まで途切れることなく、こうした職人技がずっと尊重されてきました。

日本のどの町を歩いても、小さな通りを一本入ると工房があり、職人さんが仕事をしている姿を見るたびに、私は感動を覚えます。あらゆる職種のどんな作業でも、動きのひとつひとつが細やかな技術をもって、正確に行われます。何世代にもわたって守られてきた文化的遺産を、職人さんたちがこれからも受け継いでいくことを考えると、彼らの手仕事の価値は本当に計り知れないのだと実感します。

居酒屋のカウンター奥で調理する料理人、ケーキ屋さんでお菓子の箱を包む販売員、商店の前の道を掃き掃除する人や、自宅の玄関前の花に水やりをする人など、働く人たちを観察するのは日本ならではの楽しみで、私の胸は喜びでいっぱいになります。
それぞれの人の立ち居ふるまいがあまりに素晴らしく、感銘を受けます。

日本では、ちょっとした動作や細かな手さばきにも、魂が込められているように感じられ、それは私にとって、宝物のように大切なことなのです。

2019年にパリを離れてフランスの地方に移り住んだ私は、地元の職人さんや生産者さんに会ってみたいと思いました。
パリのブティックには美しい品の数々やフランス全国から集められたグルメな商品があふれかえっているけれど、実際に、その素晴らしいものを考え、創作し、手作りする人たちに直接会いに行くことの方が、より楽しく、ワクワクする体験だと思ったから。

私が暮らす地方には、仕事に情熱を傾ける優れた職人さんがたくさんいます。
彼らに会い、どんなふうに仕事をしているかを学び、彼らがたどってきたこれまでの道のりを知ることは、私の仕事へのヒントにもなるし、私たちを取り巻く現実社会とつながりを持つことでもあります。
職人さんたちの仕事を紹介することで、彼らと出会えた喜びや、日々彼らが作ったものに囲まれて生活する幸せな気持ちを、みなさんに少しでもおすそ分けできたらうれしいです。

日本は私に、シンプルに生きることや美しさの本質を教えてくれました。私の人生にたくさんのものを与えてくれた日本のみなさんにお礼の気持ちを込めて、アングレームという小さな町から、この本をポストカード代わりに贈ります。

Sommaire

目次

※本書は、NHK Eテレの番組「パリジェンヌの田舎暮らし」の内容をもとに、著者が新たに原稿を書き下ろしたものです。固有名詞の表記・日本語訳などは、番組放送時と一部異なる場合があります。

La vie à Angoulême
アングレームの暮らし

アングレームの旧市街は、小高い丘の上にある。
すぐそばにはシャラント川が流れ、とっても心地
よく暮らせる町。

パリに住んでいたころはいつも、まるで大きな村で暮らしているような感覚があった。昔から変わらぬ魅力のカフェやブティック、焼きたてのパンやクロワッサンの香りが漂い、我慢できずに思わず足を運んでしまうパン屋さん、公園のベンチに腰かけておしゃべりするお年寄りたちや、静かな通りを犬を連れて散歩するご老人……。

不思議なことに、自分がパリで生まれ育ったような感じさえするのは、子ども時代に慣れ親しんだ小さな町や村に、どこか似ているからかもしれない。おもちゃ屋さんや小間物屋さん、ケーキ屋さん……、パリに軒を連ねる昔ながらの商店が、懐かしい記憶を呼び起こす。そんなお店では、扉を押すと小さなベルがちりんと鳴って、お客さんが来たことをお店の人に知らせてくれたものだ。

幼いころを懐かしむのと同じ気持ちで、私はパリを懐かしむ。

アングレームの町は城壁に囲まれてい
て、その上に登ると、家々の瓦屋根が連
なる美しい眺めを楽しむことができる。
その先に流れる川や、さらに遠くの田園
風景も見える。

パリと同じように、アングレームには私の
心を揺さぶる何かがある。美しい建築、お
散歩するお年寄り、いつもの窓際に座り外
を眺める猫、お店の入口から道ゆく人を注
意深く見ている看板犬……。

石畳の道や歴史ある建物、小さな商店たち
といった都市の風景と、すぐそばにある自
然とが相まって、ちょうど、都会と田舎の
中間のような独特の魅力を、この町に与え
ている。

中心街から自転車で数分ほど走ると、そこ
はもう水辺だ。水面を泳ぐ鴨や白鳥を眺め
たり、立派な木々が連なる川沿いの並木道
を歩きながら、穏やかなひとときを過ごす
ことができる。

こんなふうに、仕事の合間に自然の中でひ
と休みできるなんて、本当にぜいたくだなぁ
としみじみ思う。

城壁からの眺めや、岸辺に背の高い
木々が並ぶシャラント川の美しさ
に、心がほっと安らぐ。

自然がこれほどまで近くにあるこの町に暮らしていると、いつか、広い庭に囲まれた田舎の一軒家で暮らしてみたいという気持ちが、だんだん強くなってくる。

車の騒音や街の喧騒から遠く離れ、鳥の鳴き声で目覚めるような未来の家を、私は夢見ている。

そんな夢の住まいを見つけるまでのあいだは、アングレームや周辺の村を散策しながら、いろんな花や植物、木々を存分に観察して、将来の自分の庭にどんな草花や木を植えようかと思い描く。

私は子どものころから、理想の家についてあれこれ思いをめぐらせることが多かったけれど、考えようによっては、何かを夢見て空想すること自体が、ある意味、その夢を叶えているようなものなのかもしれない。

だから今はまだ、生活に欠かせないお店や便利なサービスが近くにあるこの小さな町で、ゆったりと暮らしながら、どんどん想像をふくらませていこうと思う。

Chapitre-1
Mohair
（モヘア）

ぬくぬく ぬくぬく
ほっと温まるもの

アンゴラヤギの毛からとれるモヘアから、
この本を始めよう。
ふんわりと軽いのにとても暖かいこの毛糸が、
私は大好き。

毎日着たいモヘア

冬のあいだはいつも、日々の暮らしの中に心地よさとぬくもりを求めてしまう。体が温まる野菜のスープを作ったり、部屋に植物を飾ったりすると、まるで巣作りのように、より自分らしい家になるような気がする。そして何よりも、毛糸のセーターや靴下、手袋、帽子、コートに身を包んであったかくするのが好き。

毛糸は、寒さから身を守るのに最適な素材だ。実際、毛糸にするための毛がとれる動物たちは、厳しい寒さや湿度に強い。

子どものころは毎冬、祖母が毛糸のセーターや小物を編んでくれた。

中でも自慢だったのは、オレンジ色のモヘアのニットワンピース。私が11歳のときに祖母が編んでくれたのだけど、まだ新品のようにきれいなままだ。

冬に実家に帰って、両親と森を散歩するときは今もこのワンピースを着る。なにせ、11歳のころからほとんど身長が変わってないの!

モヘアの毛糸はとてもきれいに染まる。とりわけ、草木染めがいい。驚くほど豊かな色のバリエーションを楽しめる毛糸だ。

イザベルとフィリップ夫妻の農場では、牝犬たちが、まるで自分
の子にするのと同じようにアンゴラヤギの世話をする。動物たち
と一緒に暮らす田舎の生活って、素晴らしいなと思う。

oignons du jardin de Philippe

フィリップが育てた玉ねぎ

pelures d'oignons

玉ねぎの皮

trempage de la laine

毛糸を浸す

écheveau de laine

カセ巻き毛糸

｜イザベル・ヴニエの職人技｜

イザベル・ヴニエさんに初めて出会ったのは、両親と毎年訪れる植木市だった。そこでは、植物はもちろん、その地方の工芸品もたくさん見つかる。生産者や職人たちと直に話ができるのはもちろん、新しい出会いや発見もある、年に一度の機会なのだ。イザベルのヤギからとれた毛糸で作られた品々を初めて見たとき、全部買い占めたい！と思った。寒い冬に、ふわふわと暖かく体を包み込んでくれる、色とりどりのセーター、ニットキャップ、靴下、ストールは、どれもここでしか出会えない宝物。

取材で農場を訪れたとき、イザベルが玉ねぎの皮を使った天然染料の作り方を見せてくれた。玉ねぎは、夫のフィリップさんが育てたもの。染料に浸したモヘアがみるみる玉ねぎの皮の色に染まるのに驚いた。彼らの農場には、毛糸も、染料になる植物も、すべての材料がそろう。自然はこんなにもたくさんのものを届けてくれる！

イザベルのブティックを訪ねて、ふわふわで鮮やかな色合いのモヘアに触れたら、そこにあるものすべてを買って帰りたい衝動に駆られた。

｜モヘアの優しさとぬくもり｜

農場内にあるイザベルのブティックで、私
は、まるでおもちゃ屋さんに連れて来られ
た子どものようにワクワクしていた。

ありとあらゆる色と種類のセーター、小物、
ストール、毛糸玉たち。

モヘアはとても軽くて優しい手触りだから、
いろいろなデザインのものを試着するのは
もちろん、ただ触っているだけでも幸せ。

毛糸が肌に触れると、とっても心地がいい
し、まるで仲よしの動物がそばにいるみた
いに、守られているような感覚になる。

犬や猫、羊に囲まれて育った私にとって、
動物は心の安定に不可欠な存在だ。

動物の毛に触れると、脳内にオキシトシン
が出て、ストレスが軽減され、心穏やかに
なると言われている。

この素敵なモヘアの毛糸を使って自分なり
の作品を生み出せるよう、近々、編み物を
学んでみようと心に決めた。

- Guirlande de feuilles -

葉っぱのガーランド

秋になると、冬支度を始めた木々のきれいな葉を拾い集めるのが好き。
葉の色や形は、私のデッサンや水彩のインスピレーションの源。
壁に飾れば、部屋に小さな森ができる。

1 | 秋のきれいな木の葉を集める。

2 | 新聞に挟んで乾かしたら、プレスにかけるか、分厚い本の下に置いて平らにする。

3 | 葉とマッチする色のモヘアの毛糸を一本用意。間隔を見ながら、葉っぱの茎に毛糸をひと巻きして結び、固定する。毛糸の両端をテープで壁に貼りつける。

- Broche en mohair -

モヘアのブローチ

とっても美しくて魅力的なモヘアで、
いろんなものを作りたい。編み物ができない私は、
2色の毛糸を使って織物を作ってみた。

1 織り機の上下の溝に
毛糸を差し込みなが
ら、作りたいブロー
チの幅に合わせてタ
テ糸を張る。

2 ヨコ糸を巻いたシャトルをタテ糸にくぐらせて織る
際、毛足の長いモヘアは引っかかりやすいので要注意。
小さなブローチを作るだけでも、十分いい練習になる。

3 好みの大きさになるまで織ったら、タテ糸の上下を長
めにカットして織り機からはずし、玉留めをして端の
始末をする。ストールピンに固定したらブローチので
きあがり。

Chapitre-2
Paniers
（かご）

いくつあっても
うれしいもの

私の生活に欠かせないかご細工。
中でも、フランソワ・デプランシュの作るかごは、
まさに芸術作品。

かごのある暮らし

子どものころ、私はかごやかばんをこよなく愛していた。お店屋さんごっこや、マルシェのお買い物ごっこをするのが大好きだった。庭で果物をとったり、実家の近くにあった小さな田舎道でブラックベリーを摘んだりしては、小さな柳のかごに入れた。そんなかごへの愛は、大人になった今も変わらない。日々の生活に使うありとあらゆるものを、私はかごに入れて片づける。パンや調味料、洗濯物を入れるかごから、マルシェやビーチ、ピクニックに行くためのパニエまで。柳は水に強く、通気性がいい素材だ。かごのさまざまなフォルムや色合いが、インテリアにぬくもりを与えてくれる。そして何より、小物や食べ物を天然素材の容れ物に入れるのは、プラスチックのものに入れるより、ずっとずっと気持ちがいいし、私は好きだ。

キッチンテーブルのかごには、果物や
お茶の小袋をしまう。木のテーブルと、
かごの色がほどよく調和している。

美しいかごにものを片づけて、
見える場所に置けば、いつでも
幸せ！

自慢のかごを持ってマルシェへ

かごが好きすぎるあまり、マルシェに向かう人が持つかごを観察したくて、その人の後ろをついて行ってしまうこともある。かごは、とってもぬくもりがあってナチュラルなオブジェ。さまざまな色と形、編み方がある。プラスチックのカートやバッグとは違い、かごのある風景は私をほっとさせ、田舎で暮らした幼いころのことをたくさん思い出させてくれる。

日本を訪れるたびに、かごが日本文化にも根づいていることを知った。銭湯の脱衣かごやザル、麦わら細工の箱など……。日本からも、たくさんのかごを持ち帰った。骨董市で見つけたかごには特別な魅力がある。長い年月を感じさせる色つやはもちろん、かつて職人が作り、誰かが愛用していたかごを、何千キロも離れた国に住む私が

新たに使っているという魔法のようなストーリーに心が躍る。

日本人にとって伝統工芸はとても大切な存在で、天然素材や手作りされたものを尊ぶ彼らの姿勢に感動する。と同時に、職人が生み出す日用品に対する審美眼を磨き、好奇心をさらに高めていきたい、という気持ちになる。

フランソワの作るかご

番組の撮影でフランソワの家を訪れて、彼が自分でセイヨウコリヤナギを育てていることを初めて知った。原材料の栽培から商品の完成まで、そのすべてを手がける彼の、もの作りへのこだわりにとても感動した。

フランスの伝統的なかごについてネットで調べていたある日、偶然見つけたかごの写真にすっかり魅了された。バターかごとも呼ばれる透かし編みのかごで、それを作っている職人はドルドーニュ県に住んでいるらしかった。

アングレームに引っ越したばかりの2019年夏、私は、憧れのかご職人であるフランソワ・デプランシュさんに会うべく、ドルドーニュ県イシジャック村で開催されるかご細工市を訪れた。たくさんのお店が出ていたけれど、フランソワのかごをすぐに見つけることができた。

彼が作るかごはとにかく独特。たとえ伝統的なモデルをベースにしていても、技術の正確さと繊細さですぐに彼のものだとわかる。しかも常に、その技術をより完璧で、より自分らしいものへと磨き続けている彼の作品からは、とてつもないプロ意識を感じるのだ。

私のかごコレクションの一部。
（上から）日本で買ったアフリカのかご／祖母から
譲り受けたかご／フランソワ・デプランシュのかご
／日本で買ったかご／日本で買った銭湯の脱衣かご

1	2
3	4

私はとにかく「容れ物」が好き。ものをまとめたり、選別したり、整理したりするためのオブジェ。かごやかばんはもちろん、本やノートだってそう。
1. 日本で見つけた箱や小袋。ミニハーモニカ、花王石鹸、たばこ「光」、花王シャンプー、百万弗シャンプー、安全ほいくかるた、アイスミルク／2. いちばん大切な思い出を記録する旅のノートたち／3. 花や植物についての古書／4. 父が作ってくれたショーケースに並ぶ、フランスやイタリア、日本の蚤の市で集めたキモかわいいオブジェたち

- Couronne de Noël -

クリスマスリース

クリスマスが近づくと、森で枝や葉っぱ、木の実を
集めてくるのが大好き。家に植物を飾るとあたたかな気持ちになるし、
クリスマスの魔法を信じていた幼いころの風景を
思い出させてくれるから。

材料

ツル（しなやかで扱いやすい
ヤナギがおすすめ）、
ローズヒップなどの赤い実、
ツタやモミの枝葉を集める。

1 ツルを円形になるようね
じり編みにし、リースの
土台を作る。

2 ツルのすき間に赤い実と
葉を固定する。

3 全体のバランスを整えた
ら、美しいリースのでき
あがり。

Merry Christmas

Chapitre-3
Couteaux
（ナイフ）

幸せな時間を
作るもの

日用品の中でも、「ものを切る道具」には強い愛着がある。
焼きごてで模様をつけたツゲの木の柄が特徴の
ノントロンのナイフもそのひとつ。

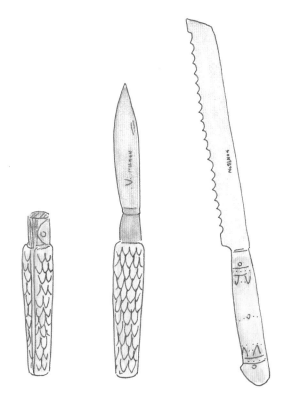

ものを切る道具について

日々の暮らしの中で、家事でも仕事でも、私はいちばん上等な道具を好んで使うことにしている。中でも、はさみとナイフは私の人生においてとても大切なもの。幼いころの私は、自分や人形の髪の毛、新品のガウンなど、手当たり次第にはさみで切ってしまう子どもで、よく母を慌てさせていた。5歳のとき、母がタルトに使うりんごの皮をむいているのを見て、私もナイフを持ってお手伝いしたくなった。どうしてもとせがんで、先のとがったナイフを使わせてもらったら、案の定、指をかなり深く切ってしまった。

そんなこともあったけど、おいしいごはんやかわいい服を作ったり、紙のコラージュや草木の手入れをしたりするために「ものを切る道具」を使うことは、私にとってこの上ない喜びだ。用途に合わせていろいろな種類があるのもたまらない。

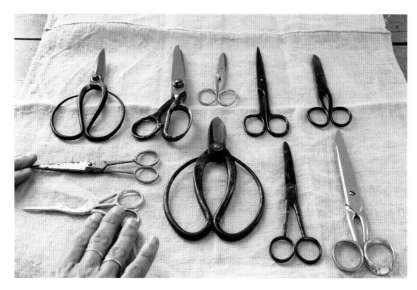

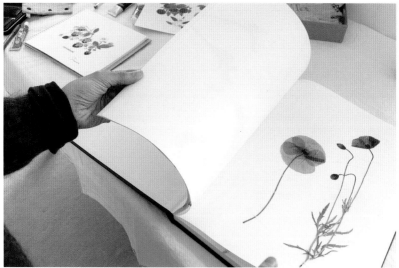

私のはさみコレクション。たくさんあるけれど、どれも使い道が違う。
（左上から時計回りに）花や草木に使う日本製の盆栽ばさみ／布用ピンキングばさみ／糸切りばさみ／
紙用の特別なはさみ／薄手生地用のアンティークの裁ちばさみ／あらゆる用途に使えるインド製のはさ
み／刺繍ばさみは髪のカットに使ってる！／日本製のはさみ、その2／円形や楕円形に切るための
カーブ刃ばさみ／厚手生地用の裁ちばさみ

panier
かご

tire
bouchon
栓抜き

Couteau
pliant
折りたたみナイフ

nappe
à
carreaux
ギンガムチェックの
テーブルクロス

gobelets
en
cartons
紙コップ

assiettes en
carton
紙皿

Le pique-nique
ピクニック

よい道具を選ぶこと

初めて持った自分専用のナイフは、オピネルの小さな折りたたみ式だった。ナイフと、チーズと、美しい山々で知られるサヴォワ地方でのバカンス中に、父が、兄と私それぞれにプレゼントしてくれた。そのナイフで、私たちはシダの葉を刈り、ティピー※を作った。ハイキングやピクニックでは、パンを切ったりジャムを塗ったりと、ナイフが何かと役立つことにも気がついた。2020年の夏、ドルドーニュの自然に囲まれた素敵な一軒家に住む女友達を訪ねた。車のない私はノントロンという町までバスで向かい、そこへ迎えに来てくれた友人が、

せっかくの機会だからと美術館や有名なナイフ工房を案内してくれた。
こんなに美しい所で、古くから受け継がれてきた道具と技法を使って、ツゲの木の柄が付いたナイフが作られていることを知り、いたく感動した。ナイフを作る職人の姿を眺めていると、なんだかとても穏やかな気持ちになった。
焼きごてで模様がほどこされた柄を見れば、ノントロンの工房で作られたナイフだとひと目で分かる。この地方に暮らす誰もが、ひとつはそのナイフを持っている。

※ネイティブアメリカンの移動用住居。

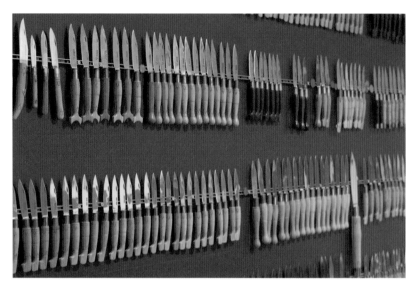

工房には、伝統的なツゲの木のナイフがずらりと並んでいる。
かなり年季の入った古いナイフもいくつかあり、ツゲの木の柄が、年月を経て見事なアメ色になって
いるのが見てとれる。

↙ David
ダヴィッド

↙ Benoit
ブノワ

Guillaume
↙ ギョーム

番組撮影のためにもう一度工房に足を運んだとき、加工前の木材の保管から刃と柄（え）の組み立て、そしてもちろん、ノントロンのナイフならではの重要な作業である模様の焼き付けにいたるまで、ナイフ作りのすべての工程を幸運にも見学することができた。この工房で働く職人たちはみな、自分の職業、とりわけ木を扱う仕事を心から誇りに思っている。

ノントロンのナイフの定番はツゲの木だけど、他に、黒檀（ただ香りはかなりきつい！）やオリーブの木を用いたものもあり、種類によって作業は大きく異なる。焼きごてで模様を付ける繊細な工程は、正確さと緻密さが必要とされる。

工房で買った美しい折りたたみナイフと長めのパン切りナイフを抱えて帰る道すがら、使い続けていくうちに良いつやが出て、私と一緒に歳を重ねていくであろうこの二本のナイフの姿を想像した。

こんなふうに、自分とともに人生を歩んでくれる道具があるのはうれしいことだ。だからこそ、家に置いて使う「もの」を選ぶ瞬間はとっても大切なのだ。

- Tajine de carottes -
にんじんのタジン

とりわけ冬によく作るレシピ。
ビタミンたっぷりで心がほっとする味わいは、
日が短く夜がうんと長い季節の元気の源。煮込んでいると
漂ってくるオレンジの香りに、幸せな気持ちになる。

材料
(作りやすい量)

にんじん　1kg（5〜6本）

オレンジ　3個

水　200cc

にんにく　2片

エシャロット
（ミョウガでもOK）2個

コリアンダー　1束
（切ったときに両手にのるぐらいの量、パセリでもOK）

オリーブオイル　大さじ2

シナモンパウダー　小さじ2

クミンシード　小さじ2

ベジタブルブイヨン　1個

塩　ひとつまみ

こしょう　ふたつまみ

1 にんじんは皮をむいて1.5cmほどの厚さに切り、にんにく、エシャロット、コリアンダーはみじん切りにする。オレンジ果汁を搾る。

2 ココット鍋にオリーブオイルを熱し、にんにく、エシャロット、シナモンパウダー、クミンシード、塩、こしょうを加えて炒める。

3 にんじん、コリアンダー、ベジタブルブイヨンも加え、オレンジの搾り汁と水をまわしかけてから混ぜる。

4 ふたをして弱火で1時間半ほど、にんじんが柔らかくなるまで煮込む。

- Pain perdu -

フレンチトースト

子どものころ、祖父母の家でよく作ってもらった
フレンチトーストは、バゲットではなく、
彼らが普段食べていたパン（バゲットの約２倍の重さと太さがある）を
使ったもの。気前よく分厚く切られたパンのおかげで、
とても大満足のおやつだった。

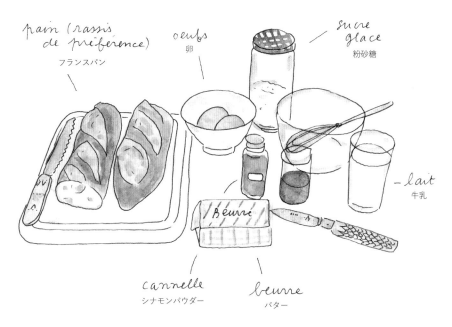

pain (rassis de préférence)
フランスパン

oeufs
卵

sucre glace
粉砂糖

lait
牛乳

cannelle
シナモンパウダー

beurre
バター

材料
(2人分)

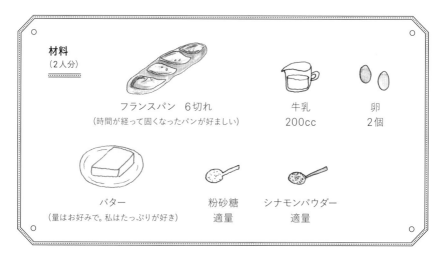

フランスパン　6切れ
（時間が経って固くなったパンが好ましい）

牛乳
200cc

卵
2個

バター
（量はお好みで。私はたっぷりが好き）

粉砂糖
適量

シナモンパウダー
適量

1　ボウルに卵を割り入れ、牛乳を加えながらよく混ぜ、卵液を作る。

2　フランスパンをかなり厚めにスライスする。

3　フライパンを弱火にかけ、バターを溶かす。

4　パンを卵液にしっかり浸し、熱したバターできつね色になるまでじっくり両面を焼く。

5　お皿にパンをのせ、粉砂糖とシナモンパウダーをふりかけたらできあがり。

Chapitre-4
Céramique
（陶器）

小さな小さな器

日本に行って初めて、陶器の繊細な魅力を知った。
そんな私が心惹かれる器とその技術について。

｜食卓を美しく飾る楽しみ｜

自宅で仕事をしている私は、家で過ごす時間が長い。だからこそ、いつも美しいものに囲まれていたいし、料理や片づけ、掃除など、日々の家事の道具にもこだわりたいと思う。家にこもりがちでも、機嫌よく幸せに過ごせているのは、そういったものたちのおかげだ。

昔から私は、器や美しい食卓に強く惹かれていた。幾度となく日本を訪れる中で、季節や盛り付ける食材に合わせて、小皿やお茶碗の色合いを変える日本人の細やかな心配りと、行き届いた器の手入れに、しばしば感動させられた。

ごはんと漬物、みそ汁、野菜、魚という和食の献立は、味わいはもちろん、食材をよりおいしそうに見せる小さな器たちが、お膳の上に並んでいるのを眺めるだけで、心がときめき、幸せな気持ちになる。

いのちや自然の恵みを讃えるひとときとして食事に向き合うことは、普段の生活を穏やかでポエティックなものに変える、理想の暮らしの哲学だ。そしてまた、時間をかけて食卓を美しく整えれば、いつもの日常に、ほんの少し魔法をかけられる。

私の食器棚は、日本とフランスの陶器と
アンティーク食器で構成されている。アン
ティークの古風なたたずまいと、陶芸家が
手作りする素朴で繊細な感じのふたつの異
なるスタイルがミックスされているところ
がとても気に入っている。

手吹きガラスのグラスを使うのも大好き。
工業生産のものよりうんと丈夫で上品だ
から。アンティークのグラスも多くコレク
ションしていて、日本では、現代作家たち
が作るきれいな手吹きグラスにも出会うこ
とができた。

私は少しずつ、生活から工業的なものを取
り除いてきた。自分が使うオブジェには、
魂と物語を感じる必要があると考えている
からだ。ガラス職人や陶芸家の作品からは

手仕事の魂が感じられ、19〜20世紀の古
い食器からは、遠い昔、丈夫で美しい日用
品が食卓を彩っていた時代に愛用されてい
たという物語が感じられる。

レストランができそうなくらい、私の家に
は食器がたくさん！　時々、さすがに多す
ぎると思うけれど、がらりとイメージが変
わるテーブルセッティングができるのは
やっぱり楽しいし、使う器によって変化す
る食材の色を観察するのもおもしろい。ト
マトは白いお皿によく映えるが、濃い色の
陶器だと雰囲気がまた違って、より食欲を
そそられる。

マノンはオーブテール・シュル・ドゥロンヌという村で暮らす陶芸家。アングレームと同じシャラント地域圏にある。2017年、パリの装飾芸術美術館で初めて彼女の作品を見たとき、優しく撫でられているような感覚を覚えた。

マノンのポエティックな世界

マノン・クルーゾーさんはお椀以外のものは作らない。だから、作業はシンプルかつ一貫していて、彼女の繊細さと私的な世界観が作品から感じられる。器ひとつひとつの優雅なたたずまいと、釉薬の自然で優しい色合いが心を落ち着かせてくれる。

マノン自身とても穏やかな人で、携帯電話をポケットに入れて持ち歩くこともなく、時間に追われてストレスを感じるタイプには見えない。外からの誘いに惑わされることなく、まるでおとぎ話の森から飛び出してきた妖精みたいに、自分の世界の中で好きなリズムで生きている。

初めてアトリエを訪ねる誰もが、マノン自身と、作業場の空気感、使っている道具、彼女の作品がすべてリンクしていることに驚かされる。アトリエに差し込む光の柔らかさ、土と道具の優しい色合いが、マノンの着る服や顔立ち、そして薄いブルーの大きな目とこれ以上なく共鳴し合っている。

古い一軒家の二階にある広々とした一室が、彼女のアトリエだ。マノン
に初めて陶芸を教えてくれた先生がかつて住んでいた家でもある。
十分なスペースのおかげで、ろくろ回しから施釉、乾燥にいたるまでの
すべての工程を同じ場所でこなすことができる。

ペンキのひび割れた壁が、歴史がたくさん詰まったこの場所にえも言われぬ趣をもたらしている。教会のすぐそばに建つ彼女の自宅兼アトリエは、この村でいちばん美しい場所であり、心穏やかに仕事に取り組める場所でもある、と私は個人的に感じている。

A chaque instant du quotidien,
la joie vous accompagne.

Manon Clouzeau

日常のどんなひとときにも
喜びはあなたとともにある

―マノン・クルーゾー―

- Salade Mangue et Avocat -

マンゴーとアボカドのサラダ

ビタミン豊富でカラフルなこのサラダは、
冬を上機嫌で過ごすためのレシピ。
簡単な上においしくって、元気と笑顔をくれる。

材料
（作りやすい量）

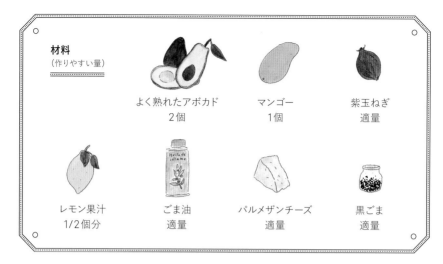

よく熟れたアボカド
2個

マンゴー
1個

紫玉ねぎ
適量

レモン果汁
1/2個分

ごま油
適量

パルメザンチーズ
適量

黒ごま
適量

1 アボカドを薄いひと口大にスライスする。

2 マンゴーも同様にスライスする。

3 1、2をボウルに入れ、レモンの搾り汁を加えて混ぜ合わせる。

4 食べやすい大きさに切った紫玉ねぎを加えて、ごま油をたっぷり目にひと回しかける。

5 黒ごまと削りたてのパルメザンチーズをかけてできあがり。

Dans un petit saladier, couper les avocats, la mangue et le quart de l'oignon en lamelles.
Verser un demi-jus de citron, de l'huile de sésame selon le goût. Saupoudrer le parmesan rapée et de graines de sésame.

- Zenzai -

ぜんざい

ある日、パリに住む日本の友人からつきたての
おいしいおもちをもらったので、オーガニックのお店で買った
イタリア産の小豆を煮て、ぜんざいを作ることにした。

材料
(すべて適量)

もち
ゆで小豆
きび砂糖

1 ゆで小豆ときび砂糖、必要
なら少量の水を鍋に入れて
煮て、ピュレ状にする。

2 小さく切ったもちを網の上
にのせて焼く。

3 好きなお椀にぜんざいをよ
そい、焼いたもちを入れる。

- Toast -

トースト

冬には、あたたかい飲み物と一緒におやつを食べて
エネルギーを充電する。パン屋さんの焼きたての食パンで
トーストを作るのが理想。

材料（すべて適量）

焼きたての食パン
有塩バター
フランボワーズなどの
コンフィチュール（ジャム）

1 厚めにスライスした
食パンを網で焼く。

2 食パンに有塩バター
とコンフィチュール
を塗る。

3 紅茶やコーヒー、ココ
アとともにいただく。

私はトーストを
飲み物に浸しながら
食べるのが好き

Rosier botanique
(églantier)

Chapitre-5
Plantes
médicinales
（薬草）

自然からのおくりもの

ナチュラルな製法で作られる
植物由来のハウスケアやスキンケア製品は、
日々の暮らしに欠かせない私の相棒。

朝と夜、フラワーウォーターを顔にス
プレーする。ディフューザーで、部屋
を柑橘系やグリーン系のオイルの香り
で包む。これが私の日課。

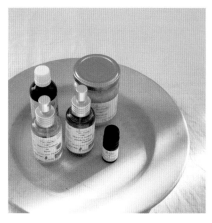 

香りのある暮らし

植物由来の製品を使うことは日々の楽しみであり、自然の香りを胸いっぱい吸い込めば気分もいい。昔から私は肌に限らず、大抵のことにとてもデリケートで、匂いに敏感だったり、花粉や刺激の強いもの (漂白剤、洗剤、除光液) に対するアレルギーがあったり、行き過ぎた加工食品や短時間で発酵させたパンのグルテンには体が拒否反応を起こしたりしてしまう。だから、かゆみや赤み、乾燥やヒリヒリとした痛みを和らげるために、スキンケアだけでなく、毎日の家事にも自然派製品を使っている。いわゆる「奇跡」を起こすという広告で、女性たちをあおり立てるコスメやスキン＆ヘアケア商品は、化学物質や刺激物が濃縮されたようなものがほとんどで、肌にも環境にも有害だ。フラワーウォーターで肌を拭いたり、クレイやはちみつでパックをしたり、植物性オイルにエッセンシャルオイルを数滴垂らしてマッサージしたりと、自然派製品を選ぶことで、日常のルーティンがぐんと幸せに感じられる。こうした製品は、含まれる成分の数が少ないほど、よりナチュラルでシンプル、かつ体と環境にもより優しくなる。驚くべきパワーを秘めた植物の特徴を知れば、自分に合った健康的でナチュラルな製品が見つかり、もっと心地よく暮らしていける。

ファニーとニコラの畑の色合いは、彼らの製品から漂う穏やかで心地いいイメージそのもの。町の喧騒から遠く離れ、静けさに包まれたこの場所は、まるで繭の中のようにふんわりと優しい。

花を育てること

ファニーさんとニコラさん夫妻の製品と出会ったのは、両親の家の近所にある観光案内所のショップだった。私の地元に移住した若い夫婦が、自ら育てたオーガニックの植物で作っているということがうれしくて、さっそく試してみると、その質のよさにすっかり惚れ込んでしまった！ ダメージ肌用のはちみつのクリームから、フラワーウォーター、エッセンシャルオイル、ハーブティーやはちみつまで、どの製品も驚くほど素晴らしい。

畑で花を摘む作業を見学させてもらい、二人がプロとしての責任感を持ってこの仕事にのぞんでいることがわかり、私はますますファンになった。植物それぞれの特徴を

とことん知り尽くしている彼らは、土壌や季節のリズムを尊重した方法で作業に取り組んでいる。

何かが狂ってしまったように思える今の世界でも、二人が仕事をする姿を見ていると、感動すると同時にとても安心する。人類がみな、彼らのように情熱を持って環境を大切にできれば、世界は天国のような場所になるだろう！

ニコラは私と同じ地元の出身で、偶然にも、教師をしていた私の父の教え子だった。そして彼も、私と同じように故郷の自然と景色を愛している。

スイートアーモンドのオイルに薔薇の花びらを浸したびんを、まる
で赤ちゃんをあやすようにそっと揺らすファニー。彼女は正真正銘
の植物の魔法使いで、花と会話ができるみたい！ 薬草に関する知
識にも目を見張る。

Nicolas et Fanny Petit

ニコラ＆ファニー・プチ夫妻

｜植物が秘めるパワー｜

農業高校で出会った二人。ニコラは祖父と父が営む畜産業を継ぐ予定だったため、薬草の栽培は、ファニーがひとりでスタートさせた。まもなくして、いつもそばで彼女を応援していたニコラもこのプロジェクトに加わり、自分たちで栽培した植物を使って製品を作るという素晴らしい目標に向かって、二人三脚で歩むようになった。

会社名の「ル・ジャルダン・デ・サンプル」は、中世、薬に用いる植物をサンプルと呼んでいたところから名付けられた。修道士たちは、修道院内の病院で使うために、自家栽培した植物を使った中世の薬を生み出

した。啓蒙思想によって科学が発展する前の中世にはまだ近代的な薬学はなく、薬といえば薬草を用いたものだった。このように長い歴史を持つノウハウを、二人が現代に伝え、そしてそれは、これからも永久に受け継がれていくのだろう。

両親の家では、庭で過ごす時間が長い。花や野菜、昆虫を眺めるのは楽しいだけでなく、
インスピレーションの源でもある。

緑豊かな両親の庭

アングレームに住んでいると、両親の家
や田舎までとても近い。少しでも時間が
できると、私は両親を訪ね、たいていは
庭で彼らと楽しいひとときを過ごす。
1980年代から、父が庭にたくさんの木
を植えてきたおかげで、今では緑豊かで、
菜園や果樹園からはたくさんの野菜や果
物がとれるようになった。庭の花を摘ん
でブーケを作ったり、自家製の野菜や果
物を組み合わせておいしい料理を作った
りできるのはとてもうれしい。
どんな季節も、鳥たちに囲まれ、個性豊
かな鳴き声を満喫できる。木からもぎた
ての果物にかじりつく瞬間は、うれしさ
が何倍にもふくらむ。ここはなんて居心
地のいい場所なんだろう！
何を食べるかは季節で決まる。無農薬で
育てたとれたての材料を使って料理がで
きるなんて、とってもぜいたく！

庭で過ごす楽しみ

春から秋にかけて、私の大きな楽しみは
庭での昼食。いつも自然に囲まれ、田舎
の景色を見慣れている両親は、庭で食事
をしようとも思いつかないし、外で食卓
の準備をするのを億劫がることもしばし
ば。それでも、せがむ私に負けて、ほぼ
毎回、庭で一緒にお昼を食べてくれる。
夏の台所は大忙し。コンフィチュール作
りの準備をしたり、いろいろな野菜を調
理して缶詰にしたり、コンポートやタル
トを作ったり……。たまには料理をひと
休みしたくて、買ってきたローストチキ
ンとポテトチップス、デザートには村の
パン屋さんのケーキで簡単に昼食をすま
せることもある。それが私たちにとって
の休息日!
自然の仕組みはよくできている。夏は庭
で次から次へととれるたくさんの食材を
調理するのに体力が必要だけど、うまい
具合に、太陽の光が私たちにたっぷりエ
ネルギーを与えてくれる時期でもある。
そして夏に作った缶詰が、冬のあいだ、
私たちの体と心、そして
胃袋も温めてくれる。

- Sachets de lavande -

ラベンダーのサシェ

毎年、庭のラベンダーを摘んで作るポプリのサシェは、
昔から実家の洋服だんすに欠かせないもの。

材料(すべて適宜)

乾燥させたラベンダー
薄手の布の小袋
袋を閉じるためのリボンや
ひも

1 ラベンダーが乾燥
したら花を茎か
らはずし、小袋の
3/4ほどの量を詰
める。

2 リボンやひもでサ
シェの口を閉じる。

3 ニットや毛糸の衣
類のあいだにサ
シェを置く。

※香りを立たせたい場合
は、サシェにラベンダー
のエッセンシャルオイル
を1、2滴垂らす。

Chapitre-6
Beurre
（バター）

なつかしの味
生バター

祖母が残してくれたレシピのお菓子を作るため、
おいしい乳製品探しに出かけた。
祖父母と過ごした懐かしい日々を思い出しながら。

マルシェにずらりと並
ぶ新鮮な食材を見る
と、料理がしたくなる。

アングレームのマルシェ

アングレームの町にはマルシェがふたつある。うちから近いのは土曜の朝のマルシェで、有機農業を営む地元の生産者たちがたくさんいるので、ここに行くことが多い。野菜やチーズ、パンを買うのが定番。冬にはアネモネやラナンキュラスの花を買うのも好き。

より遠くのマルシェは月曜以外毎日やっている。いちばんにぎわうのは日曜だけど、パンやチーズ、ナチュラルワイン、野菜や魚など、よりよい食材に出会えるのは平日。私はいつも、なるべく地元の小規模な生産者たちが直接販売する食材を買うようにし

ている。彼らと会話して、仕事ぶりがわかれば、その食材がますますおいしく感じられる。有機農業を営む人々は、環境を大切にして健康によい食材を作るために時間を惜しまない。そんな意義深い仕事をする人たちを応援するのはとても大切なことだ。

田舎で過ごした子ども
時代を懐かしく感じる。
小さかったころの祖父
母との思い出はたくさ
んある。祖母が縫って
くれたブラウスや、レ
シピノートもよく覚え
ている。

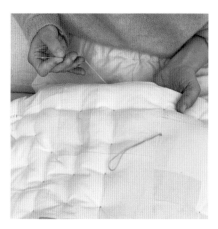

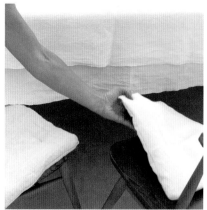

子どものころの大切な思い出

私の祖父母は農家だった。農場にはヤギや
ニワトリ、ウサギ、ヒツジ、ブタ、ウシなど
たくさんの動物がいた。祖母がヤギの搾乳
をしたり、ブタに餌をやったりするのに
くついて回った。農家の暮らしは、やるこ
とがたくさんあってとても忙しい。結婚す
るまで裁縫の仕事をしていた祖母は、せわ
しない日々の中でも時間を見つけては縫い
物や刺繍、編み物をしたり、家族のために
おいしいごはんを作ってくれたりした。
一日のうちにやるべきことが多すぎてく
じけそうになると、祖母のことを考える。
昔は、誰もが当たり前のように長い時間働
き、手作りせねばならないものも多かった。
私の裁縫好きや、美しいものへの情熱は祖

母譲りだ。祖母が私の人形に着せるドレス
をいくつも縫ってくれたとき、飛び上がる
ほどうれしかったことが今も忘れられない。
同じく手先が器用だった祖父は、機械いじ
りにとても強く、道具まで手作りしていた。
自らの手を使って働き、技術を磨き、新し
いものを作り、加工する……。そうするこ
とで、現代の私たちが忘れがちな暮らしの
知恵が身につき、この世界にしっかりと根
づくことができるような気がする。

アデライドとパスカルは乳牛を飼育し、同じ牧場内で牛乳を乳製品に加工している。それはとても大変な仕事で、私の祖父母と同じように、彼らも時間を惜しまない。

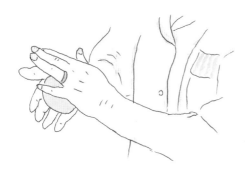

Adélaïde
forme la
motte de beurre
バターを丸めるアデライド

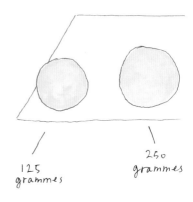

125
grammes

250
grammes

生バターを求めて

祖母のレシピノートを眺めていたら、とてもおいしそうなりんごタルトのレシピを見つけた。
バターとクリーム、牛乳たっぷりのタルトのレシピだからこそ、フレッシュで上質な乳製品を自分で選びたいと思った。
フランスでは、厳しい安全・衛生基準の影響で、生バターや生乳を見つけるのがだんだん難しくなっているけど、生乳は殺菌済みの牛乳よりずっと栄養価が高い。そこで私は、生バターを生産しているアデライドさんとパスカルさん夫妻に会いに行ってみたくなった。
彼らの牧場では、本当にたくさんの牛が飼

育されている。
アデライドがクリームやヨーグルト、そしてもちろん、生バターを作るところも見せてくれた。
作りたての製品を味見したら、子どものころにかいだ動物の匂いや、しぼりたての牛乳の香りを思い出した。

りんごタルト

牧場で乳製品を買って家に戻るなり、さっそくタルト作りにとりかかりたくなった。祖母もかつて、大きなキッチンテーブルに材料をこんなふうに並べて、タルトを作ったんだろうなと想像した。ちなみに、このレシピは、友人のネネットさんから教えてもらったらしい。

料理やお菓子作りをするとき、質のよい材料があると安心する。おいしくできるかどうかは材料のクオリティによるところが大きいと思うから。

私は毎日料理はするけれど、短時間でできる手軽なものが多い。でも、初めてのレシピに挑戦するときは、何かを忘れたり、手順を抜かしたりしないよう、なるべく丁寧にやってみるようにしている。つい自分なりにレシピをアレンジしてしまいがちな私にとって、レシピどおりに作ること自体がチャレンジなのだ。

Tarte aux pommes
à l'Alsacienne - Façon Ninette
アルザス地方のりんごタルト、ネネット風

おばあちゃんのりんごタルト

材料
(直径24cmのタルト1台分)

タルト生地　250g
(バター 80g、小麦粉 160g、
水 約1/2カップ)

りんご　1kg
砂糖　150g
シナモンパウダー
小さじ1杯
卵　2個

クレームフレッシュ
(生クリームでも代用可) 150cc
牛乳　大さじ1杯
粉砂糖　適量

1 タルト生地用のバターと小麦粉を計量する。

2 小麦粉にバターを加えて混ぜ、さらに水を少しずつ加えて混ぜ、生地がひとかたまりになったら1時間休ませる。

3 生地を伸ばし、バター（分量外）を塗ったタルト型に敷く。

4 りんごの皮をむいて薄切りにし、タルト型に放射状に並べる。

5 砂糖とシナモンパウダーをふりかけ、
200℃のオーブンで20分ほど焼く。

6 そのあいだに卵とクレームフレッシュ、
牛乳を混ぜて卵液を作る。

7 タルトを一旦オーブンから取り出し、
6の卵液を流し込む。

8 タルトをもう一度オーブンに入れて
さらに20分焼く。

9 オーブンから出して、粗熱がとれた
ら粉砂糖をふりかける。

10 生クリームに砂糖とバニラシュガー
（分量外）を加えて作ったホイップク
リームを添えるとなおよい。

11 友達におすそ分けする分を忘れずに
とっておくこと！

Bon appétit!

アンティーク本のページ
をめくっていて、四つ葉
のクローバーやドライフ
ラワーがはさまっている
のを見つけると、いつも
とても感動する。

古くから人は、植物をい
かに美しく保存させられ
るかを模索し続けてきた。
そのおかげで、どの自然
史博物館にも見事な植物
の標本がある。

大きなノートに、種類や色別に分けた花を
貼り付ける。ページごとに、花と説明文、
ラベルをバランスよく並べるのが大切。

花を美しいまま保存する

花は自然が生み出す奇跡。観察したり、香りをかいだり、その驚くほど繊細な造りに感心していたらあっという間に時間が過ぎてしまう。その形や色は、まさに天からの贈り物。人間だけでなく、花の中に入り込んでおいしい蜜を味わう虫たちにとってもそうだろう。

乾燥させれば保存ができ、長持ちもする上に、その姿を愛でる楽しみもより長く続くのだから、花はつくづくすごい。

私はひもで束ねた花を逆さまに吊るして自然乾燥させてドライフラワーを作り、部屋に飾るのが好き。本のあいだにはさんだり、新聞紙にはさんでプレスにかけたりして押し花にすると、また別のフォルムが楽しめるからもっと好き。平たいのはもちろん、たっぷり含まれていた水分が抜けることで、華奢でデリケートになる。

休みの日は、大きなノートに押し花を貼る。とても心が落ち着く作業で、クラシック音楽やお気に入りのラジオ番組を聴きながらするのが好き。

花とともに過ごすとき、私は時空を超える。花びらがちぎれないよう、細心の注意を払いながら紙に貼っていく一連の動作は、どれもとても繊細で、花という、自然からもたらされた宝物の美しくも壊れやすい姿にどこか似ている。

Chapitre-7
Teinture végétale
（草木染め）

心やすらぐもの
いろいろ

アンティークの生地で手作りした服を、
植物から抽出した天然の染料で染めてみたくて、
藍染めの名人、キャロリーヌ・コシェを訪ねてみた。

camomille
des teinturiers
ダイヤーズカモミール

Indigo
藍

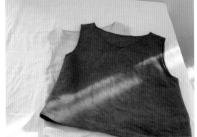

草花で染めた衣服は、自然の染め色が肌の色によくなじみ、シンプルに着ることができる。それと同じように、植物性のヘアカラーは色に深みがあって髪の毛が生き生きとして見える。

自然が生み出す美しい色たち

ここしばらく、骨董市や祖母のたんすで見つけた古いリネンの布を使って自分の服を縫っている。

化学的な加工や染色がなされていない糸で織られた昔の布は、今とは比べものにならないほど質が高く、同等の布を今の時代に探すのは至難のわざ。

そうした古い布を使って作る私の服は、おのずと白や生成りといった目に優しい色ばかりがそろってしまうのだけど、無加工の布は草木染めがしやすいと聞き、ワードローブに明るい色を加えたくて、手持ちの服をいくつか染めてみようと思い立った。

そこで、草木染めに詳しく、藍染めの名人でもある染色家のキャロリーヌ・コシェさんを訪ねた。私は徳島県で藍染めの技術を知り、ずっと興味があったので、彼女と会って話ができるのはうれしかった。

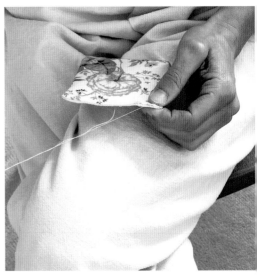

裁縫道具への特別な思い

昔からずっと、祖母に似て、布や裁縫道具が好きで好きでたまらない。無地や柄物のさまざまな生地、糸、リボン、針、はさみ……。裁縫箱は私にとって「宝箱」だ。

祖母は数年前に亡くなった。けれど、こんなふうに書くのは不思議な気がする。私が大好きだった人たちは、亡くなった今も心の中にいて、人生のさまざまな場面で寄り添ってくれている感じがするからだ。

祖母の家にあった数枚の布地と裁縫箱は、家族の中で唯一、針仕事をする私が譲り受けることになった。たんすの中で眠ったま

ま忘れ去られるか、最悪、捨てられてしまうことを考えるとあまりにも悲しすぎるし、形見の道具を使うことが、祖母とまた一緒の時間を過ごす素敵な方法になるかも、と思えたから。残された糸や布を使いつつ、祖母は何を作るつもりで買ったのだろうと想像してみる。

祖母の道具で縫い物をすると、いつもより落ち着いて、より注意深く作業できることに気がついた。それは料理でも同じで、上質な道具を使うことで、真摯に作業に取り組むことができる。

裁縫に使ういろんなものを、ありとあらゆる箱の中にしまっている。愛すべき私の小さな宝物たち。
きっともう使わないリボンやボタンもあるけれど、ただ眺めているだけで幸せなのだ。

猫や犬、ニワトリに
囲まれて暮らす
キャロリーヌ。
生みたての卵は絶品！

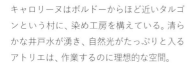

キャロリーヌはボルドーからほど近いタルゴ
ンという村に、染め工房を構えている。清ら
かな井戸水が湧き、自然光がたっぷりと入る
アトリエは、作業するのに理想的な空間。

キャロリーヌと染料植物

自然に囲まれた、明るく穏やかな空間で、キャロリーヌは色の組み合わせを試したり、素材で遊んでみたり、新しい技法を模索したりと、いろんな実験をしている。そのかたわら、初心者向けの草木染めや藍染め、絞り染めの講座も行っている。

日本の四国を訪れた彼女は、多くのことに刺激を受けたが、中でも藍の染料には強く魅了された。自ら畑で育てる藍と、その葉で作る「すくも」※は、彼女の相棒のような存在だ。

キャロリーヌは常に、藍の甕（かめ）のリズムに合わせて生活している。色が最も美しいときも、藍が休んでいるときも、甕の中の藍の声にずっと耳を傾けている。

藍について話し、染め液を作り、その中に糸や布を浸す彼女の姿を眺めていると心が落ち着く。そして、自然から生まれた色たちがおのずと調和する素晴らしい世界にいざなわれる。

自分が探し求める完璧な藍色について、夢中になって語るキャロリーヌを見ていると本当にうれしくなる。

※タデアイの葉を堆肥化させた染料。

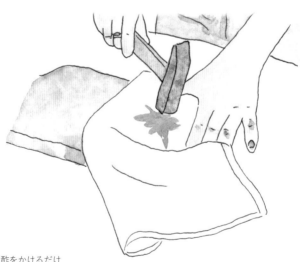

トントン叩いてお酢をかけるだけ
で、あっという間に花や葉っぱの
色が移るから、誰にでもできる!

手軽に楽しめる
たたき染め

子どものころ、よくズボンの両膝が
草の汁で緑色に染まっていたのを覚
えている。

日本のたたき染めは、植物を布や紙
の上で叩き、お酢をかけることで色
を付けるシンプルな技法だ。

緑の葉っぱはクロロフィルを多く含
んでいて、例えば、ジャスミンの葉
を布の上で叩くと、プリントしたよ
うにそのままの姿が現れるからびっ
くりする。

色濃く染まるだけでなく、葉脈のよ
うな細部までくっきりと見えるのだ。

魔法みたいに簡単で、子どもから大
人まで、誰がやっても楽しい！

両親の家の庭で摘んだ花と葉っぱを
使って、私もたたき染めに初挑戦し
てみた。草花の色と形が移り、四角
い布は素敵な風呂敷に変身した。

- Guirlande -

ガーランド

裁縫するたびに出てしまうたくさんの小さな布の端切れ。
私はそれを色ごとに分けて取っておいて、
ガーランドを作るのが好き。

材料（すべて適宜）

使い古しのシーツなどの
端切れ
布と同系色のリックラック
テープ（山道テープ）

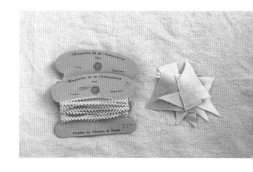

1　三角形にカットした同系
色の端切れを好きな枚数
選び、必要に応じてアイ
ロンをかけておく。

2　ガーランドの長さを決め、
それに合わせてリック
ラックテープを切る。

3　端切れを一枚ずつテープ
の上に重ね、ズレないよ
う気をつけながらミシン
で縫い付けていく。

Chapitre-8
Assiettes en bois
（木の器）

人をつなぐ器

アントニス・カーデューが手作りする木の器。
使い込むほど味の出る、木のオブジェの魅力は尽きない。

私のアパルトマンの中で、木はとても大切な存在。
木が好きで日曜大工が得意な父のおかげで、木製の
手作り家具がたくさんある。

木の器を見つけにパリへ

木の家具やオブジェは、インテリアにあたたかみとオーセンティックな雰囲気を与える。グローバリゼーションを象徴するように、世界中に組み立てキットの家具があふれているせいか、私の家にある引出し付きの棚やチェリー材の本棚、骨董市で見つけた古いドアを活用した戸棚、父が手作りした家具やアンティークの家具を持つことは、ものすごくぜいたくなことのように思える。
アンティークを販売し、ヨーロッパのクラフトにも詳しい日本人の友人、駒村志穂子さんのおかげで、パリにアトリエを構える

アントニス・カーデューさんの素敵な作品を知ることができた。アングレームからパリまではTGVで2時間ほどなので、例えばアントニスに会いにパリに行くのだって気軽にできる。旅には、なるべく必要最小限のものだけを持って行くようにしている。

アントニスの素敵なアパルトマン

パリに来て、友人に再会したり、通い慣れた場所を訪れたりすると、自分の家に帰ってきたな、という気持ちになる。パン屋さんやカフェ、手芸用品店や骨董屋さんなど、パリには私のお気に入りの場所がとてもたくさんある。

アントニスのアパルトマンはパリの11区で、私が以前住んでいた場所のすぐそばにある。自分が暮らしていた界隈に戻ってくるのはうれしいのと同時に、ちょっぴりノスタルジックな気分にもなるし、またここに住みたいなと思うときもある。

彼のアパルトマンはまさに作品のイメージどおり、美しくシンプルでミニマル、そして木の香りに満ちている。陶芸家のおじいさまから譲り受けた陶器も多い。

芸術家だった父方の祖父母のおかげで、彼の中に職人やアーティストの手から生まれた美しいものへの愛が育まれた。木の器を作ることが、アントニスの天職となった。

私が訪れた日は、彼が作った美しい木のテーブルの上に、木工旋盤で手作りしたお椀やお皿が並べられていた。

家の中にあるどのオブジェも、そこにあるべくしてあるように見える。きれいだけど、ただの飾りではない。彼の木の器も、おじいさまの陶器も、すべてが日々の生活の中で使い込まれている。彼は、どんなに美しいものも使われなければ意味がないと考えている。

とりわけ、年月とともに手触りや色が変わる木のような素材は、使い込み甲斐がある。木で作られたものは使う人と一緒に歳を重ねていくのだと思うと感激する。

アントニスのアトリエ

アントニスのアトリエはパリのお隣、イヴリー・シュル・セーヌ
という町にある。初めて中に入る人はみんな、その空間に広がる
木の香りに魅了される。

アントニスは珍しい木材、たとえばりんご
や洋なし、さくらんぼなどの果樹がとりわ
けお気に入りだ。
お椀を作る工程を説明してくれたとき、彼
は私に、アーモンドの香りがするお椀を見
せながら、こんな話をした。

さくらんぼの木から切り出した材木を使っ
ていたはずが、幹の台木と呼ばれる部分を
見てみると、実はアーモンドの木に接ぎ木
されていたことがわかったのだそうだ。
木材を扱っていると、それぞれの木の歴史
まで見えてくる。
彼がお皿を作るときは、長期間十分に乾燥
させた木を使う。逆に、お椀にはまだ完全
には乾燥していない木を使うので、成形後
に乾燥しながら自然と形ができあがってい
く。そんなふうに予測できない要素を加え
ることで、遊び心のある作品が生まれる。
アントニスが作る木の器が美しいのは、彼
のセンスと才能はもちろんのこと、木の声
を聴くことができるからだと思う。

両親の家に来ると、庭の花を眺めたり、匂いをかいだり、集まってくる虫たちを観察したりして過ごすのが好き。虫の邪魔をしないよう、摘んで飾る花はなるべく少なめにしていて、ときには花瓶に一本ずつだけのときもある。

いろいろ使える木のお皿

アントニスが作ったピクニック用の木皿を
7枚買って自宅に戻ってきたら、このお皿
たちをきれいに並べられる、違う種類の木
で作った台のようなものがほしくなった。
そこで、父にお願いして、作業場に残って
いたオーク材を再利用してごくシンプルな
トレイを作ってもらった。アントニスのお
皿を飾るために作ってもらったけれど、ア
ペロ（夕食前におつまみとともにお酒を楽
しむ時間）のときにもぴったりで、オリー
ブやトマト、コンテチーズ、クルミ、ブド
ウが並べられた姿がすぐに想像できた。

それと、それぞれのお皿に花を入れるのも
いいなと思った。母も私も、庭にいるとど
うしても花を摘んで家に飾りたいと思って
しまうから。
美しいものは美しいものを惹きつける。

Peuplier Tremble

Châtai...

Noyer

Tilleul

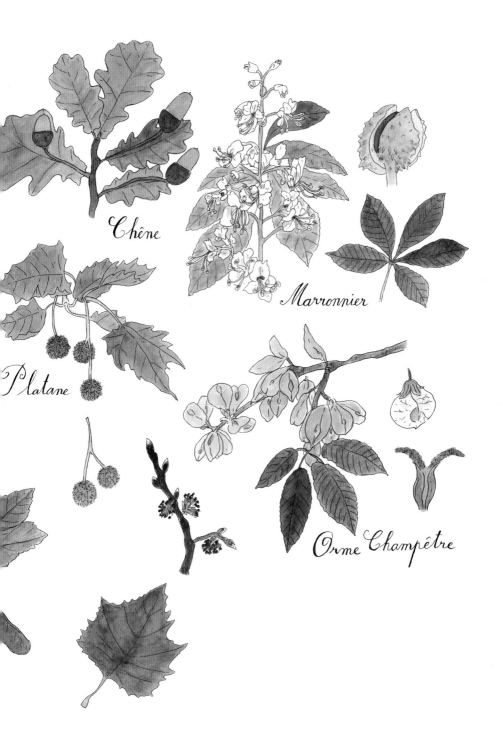

Chêne

Marronnier

Platane

Orme Champêtre

Mon appartement
私のアパルトマン

articles délicats

自分が日々過ごす場所は、できるだけ癒しを感じられる空間であって
ほしいと思う。だから私は、仕事ができる十分なスペースや、静かで、
天然素材のものに囲まれた環境にとてもこだわっている。

お気に入りに囲まれて暮らす

私が心地よくいるために大切なのは、好きなものたちに囲まれて、明るい部屋で暮らすこと。

中でも本棚は、私のアパルトマンの中で大きな役割を担っている。文学書であれ、絵本であれ、本というものは人生における真のパートナーだ。本は世界で最も美しいオブジェだと私は思う。ほんの数十枚の紙を綴じた中に、多種多様な世界や驚くべき物語、一生心に残るような写真やイラストが詰まっている。手で触ったり持ったりして、いつも身近に置いておくものだからこそ、特別な愛着が湧くオブジェでもある。

本棚と木の本箱を作ってくれたのは父だ。父が自らの手で作ってくれた家具に、大切な本や植物、雑貨を置けるのがうれしい。

住まいは心のよりどころ。だから、生活する空間はできるだけ快適で心休まる雰囲気であるべきだと思う。そして、周囲に置くものは大切に手入れをして、見ていてホッとするような自然素材のものを選ぶようにしている。

リビング

リビングは私が最も長い時間を過ごす場所。
アパルトマンの中でここがいちばん広く、
日差しが入ってとても明るい。

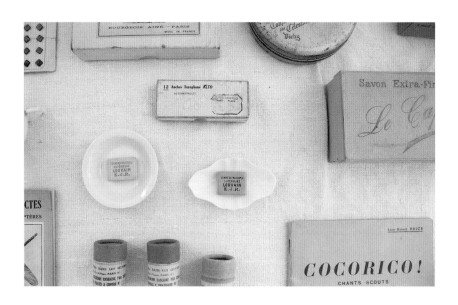

私が仕事をするとき、自然光は欠かせない
存在。だから、仕事場でもあるリビングに、
こんなにたっぷりと日が差すのはとても幸
せなことだ。

窓際の大きなテーブルの上で、デッサンや
水彩、縫い物、コラージュをする。その周
りには、本棚とラジオ、パソコンがある。
とても快適なワークスペースだ。

パリに住んでいたころは、仕事場が狭くて、

何より日当たりが悪かった。アングレーム
に引っ越してからは、生き返ったような気
持ちがする。

クリエーションのための場所であるリビングには、インスピレーションをくれるものがいっぱいある。
スペースに余裕があると、手の届くところに材料や道具が置けて、いつでもさっと作業にとりかかれる。

la pièce en plus

おまけの部屋

私のアパルトマンには、友達を泊めることも
できる小さな部屋があって、普段はいろんな
ものを保管するスペースとして使っている。

たったひと部屋にすべてのものを押し込め
ていたパリの小さなアパルトマンから移っ
てきたせいか、今のアパルトマンは、一、
二部屋くらい余分にある気さえしてしまう。
デッサン、水彩、書き物、裁縫、料理など、
私の創作活動はどれもつながっていてはっ
きりした境界線がないので、それぞれ専用
のスペースを作る習慣がない。
この小さな部屋は、最初は裁縫部屋にぴっ

たりだなと思ったけれど、今では私の作品
やアンティークのコレクション、絵や額装
の道具を置いておく場所になった。

もし私がこのアパルトマンのオーナーなら、壁を壊してキッチンとリビング、おまけの部屋を合体させ、ひとつのクリエーションスペースにしてしまうだろう。理想的な生活空間を想像するのは、お気に入りの暇つぶし！

Cuisine

キッチン

キッチンは私が好きな場所のひとつ。オーダーメイドの住まいを持つことができるなら、キッチンをメインのスペースにすると思う。

いろいろな調味料やスパイスで、料理に香りのアクセントをつけるのが好き。しょうがのマリネや塩レモン、コンフィチュールやチャツネ、みそなどを味つけに使う。香草も私の料理に欠かせない大切な要素だ。ミントやバジル、パセリやコリアンダーは、ビタミンたっぷりで、風味も豊か。
調理器具、食器、キッチンタオルやテーブルクロス、ナプキンなどのキッチンリネ

ン、そして食べ物……、キッチンにあるものはどれも素敵。毎朝、キッチンで朝食を用意するのは、私の大好きなルーティンだ。

自宅での仕事が基本なこともあって、ひとりで過ごすことが多い。
自分の健康と地球環境のためにも食べるものには気をつけているの
で、外食はほとんどしない。マルシェやオーガニックのお店で質の
よい食材を買い、元気をくれそうな好物の料理を作る。一人暮らし
だと毎日料理をする気が起きない人も多いけれど、私は家族と一緒
に暮らしているかのようにきちんと料理をするようにしている。

野菜たっぷりのシンプルでおいしい料理を作ったり、オーブンで
ケーキを焼いたり、料理を引き立てる美しい食器を選んだり……、
食事は喜びの源だ。家族や友人をランチやディナーに招待するとき
は、ローストチキンやビュッシュ・ド・ノエルのように、ひとりの
ときには作らないものを用意する。ゲストのためにテーブルを美し
く整えて、楽しい時間を過ごしてもらうのが好き。

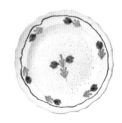

Lin

リネン

布の中でも、リネンは私が大好きな素材。肌にまとっても、縫っても気持ちがいいし、部屋のインテリアに使っても、とっても美しい。

時間があると、アンティークのリネンシーツや、専門店で買う薄手のリネンを使って洋服や小物を縫うのが好き。

生地を目で見て、手で触れると、作るべきものがわかる。

とても薄くて軽いリネンなら、ギャザーを寄せて洋服を縫いたくなるし、厚めのリネンなら、美しくて丈夫なクッションカバーやバッグがいい。

たまに、たくさんの生地を床いっぱいに広げてみる。そうすると、不思議なくらいアイデアがどんどん湧いてくる。

縫いたいものがあれもこれも浮かんできて、何から作り始めたらいいのか迷ってしまう。それを決めるのがいつもいちばん難しくて、何を縫うか考えるだけでも十分楽しいから、結局また次の機会に、と広げた生地を片づけて終わることもある。

いろんなものをコレクションする癖がある。シーツやテーブルクロス、ナプキンなどのホームリネンやナイトガウン収集は、私の大好きな趣味のひとつだから、本当にたくさん持っている。

Fleurs

花のある
暮らし

私の生活の中で花はとても大切な存在だ。見つめていると、仕事のヒントをもらえたり、心が癒されたりする。

Pensée

花を観察するのが好き。

繊細さ、美しさ、香り、驚くべき構造、そのすべてに魅了される。

花を描くことも同じくらい好き。

スケッチしていると、細部を注意深く観察するので、構造がより理解できる。

デッサンに水彩で色をつけるときは、なるべく実際の色に近づけたくて、あれこれ試してみる。いくつもの絵の具を混ぜて、苦心した末に求めていた色にたどりつけたときは、まるで子どものころと同じように、飛び跳ねたいくらいうれしくなる。

季節の花でブーケを作るのも好き。色ごとに分けてまとめたり、大小さまざまなブーケを作ったり、
儚いひなげしを標本にしたり……。

Épilogue

おわりに

みなさんにとって、この本が日々の癒しや、これからの暮らしのヒントになったらいいな、と心から願っています。
ここで紹介したフランスのさまざまな職人さんたちの仕事についても、伝統工芸を大切にする日本のみなさんならきっと、関心を持ってお読みいただけたと思います。

また、フランスの日常の様子もちょっぴりのぞいていただき、日本と似ているところ、違うところ、いろいろ見つけられたことでしょう。
私はそんなふうに、異なる文化をつなぎ、交流するのが大好きです。心が豊かになるのはもちろん、さまざまなことを見つめ直すきっかけにもなるからです。

この広い世界には、何かを発明したり、考えたものを自らの手で形にしたり、料理をしたり、インテリアを飾ったり、ものを収集したりする人たちがいたるところにいて、彼らが生み出したそれらすべてのもののおかげで、私たちは、自然の美しさと強さを感じながら、心地よく暮らすことができています。
地球の隅々で、自分と同じような営みをしている人たちがいるのだと思うと、なんだか距離が縮まったようにも感じられ、同時に、人は誰しも、命の美しさや奇跡に感動し、心を動かされるのだと気づかされます。

目を開いて、自分を取り巻く環境に注意を向けさえすれば、美しいものがおのずと見つかり、その優しさに包まれるでしょう。そんな、一見取るに足りない、無駄だと思えるようなことこそが、人生におもしろみを与えてくれるのです。
日々を楽しく過ごしながら、日常の何気ない一瞬一瞬を、大切に味わっていきましょう!

2022年秋　イザベル・ボワノ

Équipe de tournage et de production
TVスタッフ

出演・イラスト・撮影	イザベル・ボワノ
音楽	阿部海太郎
声の出演	葛城七穂
撮影	保延欣也
音声	柳 さおり　ピエール・イブ・オスピエ
ディレクター	井上いづみ　水上麻衣子　きくちたいこ　岡田はな
プロデューサー	豊田研吾
制作統括	石井香織　斎藤直子　羽田まどか
制作	NHKエンタープライズ
制作協力	NHKコスモメディアヨーロッパ
制作・著作	NHK

著者：イザベル・ボワノ　Isabelle Boinot

フランス、アングレーム在住のアーティスト、イラストレーター。
1976年、フランス西部の町ニオール生まれ。雑誌や書籍、雑貨、広告
などさまざまな分野で活躍中。著書に『シンプルで心地いいパリの
暮らし』（ポプラ社）、『わたしのおやつレシピ』（小学館）、『おとしより パ
リジェンヌが旅した懐かしい日本』『パリのかんたんお菓子 レシピ＆
ラッピングペーパーブック』（パイ インターナショナル）などがある。
Web：i.boinot.free.fr
Instagram：@isabelleboinot

Merci à mes parents pour leur aide et leurs photos.
この本の制作に協力してくれた父と母に感謝します。

翻訳：トリコロル・パリ　Tricolor Paris

フランス在住の荻野雅代と桜井道子からなるユニット。サイトやSNS
を通じて、パリとフランスの最新情報を独自の目線で届けている。『フ
ランスの小さくて温かな暮らし365日』（自由国民社）、『とってもナチュ
ラル ふだんのひとことフランス語』（白水社）、『パリが楽しくなる！ か
んたんフランス語』（パイ インターナショナル）など著書多数。
Web：tricolorparis.com
Instagram：@tricolorparis

パリジェンヌの田舎暮らし

2023年4月18日　　　第3刷発行

著者・撮影・イラスト	イザベル・ボワノ
翻訳	トリコロル・パリ（荻野雅代／桜井道子）
装丁・デザイン	小松洋子
制作協力	NHK「パリジェンヌの田舎暮らし」制作班
撮影（帯写真）	保延欣也
タイトルロゴデザイン	ソフィー片桐
校正	株式会社 鷗来堂
編集	長谷川卓美

発行人	三芳寛要
発行元	株式会社パイ インターナショナル
	〒170-0005 東京都豊島区南大塚2-32-4
	TEL 03-3944-3981 FAX 03-5395-4830
	sales@pie.co.jp

印刷・製本	シナノ印刷株式会社